Caroline Mirkes

Social Media Guide für die Steinzeit

Wie viel Steinzeit steckt noch in dir und wie viel Zeit stolperst du einfach nur über Steine?

INHALT

Hope is a door,
hope is a cage,
don't look at the floor,
turn the page.

Das Hoffnungs-Los

Jetzt hast du dich vielleicht über eine lustige Novelle gefreut. Das tut mir leid. So ging's mir auch bei jedem spannenden Titel, der in letzter Zeit irgendwo angeboten wurde. Wer nicht dagegen ist, ist dafür. Du kannst also aufatmen: Wir werden hier anfangen, das Wasser wieder bergauf laufen zu lassen, nicht, dass es nützlich wäre, sondern einfach nur, weil nicht weiter alles nach unten laufen kann. Kurz gesagt: Wir gleichen aus, was ein Mensch ausgleichen kann. Es beginnt ja immer mit dem Versuch, also mit der Hoffnung, also mit Liebe, also zumindest mit der Sehnsucht nach Liebe.

Es geht hier momentan auch einfach knallhart zu. Da sitzt man schnell mal mit George Clooney im Pool und vergisst, dass man sich selbst in eine U-Bahn geparkt hat und seine Abstumpfung trainiert. Vielleicht ist es aber auch ganz nützlich diese kleinen Bildschirmchen mit sich herumzuschleppen. So wird man aus dem gewohnten Käfig des Alltags rauskatapultiert und kann gemütlich weitermachen, ohne sich auf die Straße zu kleben. Die Vorstellungskraft ernährt uns einfach prächtig. Wir sind plötzlich für alles gewappnet. Wir können sogar das Schlimmste mit einem kurzen Häh-Blick übers Elektronikgerät akzeptieren oder halt ignorieren. Ich meine jetzt nicht nur unmenschliche oder sagen wir *untierische* Angewohnheiten wie das tägliche Aufstehen mit einem infarktstimulierenden Piep-Ton, sondern auch das meiste, was unsere westliche Gesellschaft danach am Tag so verrichtet. Wir lamentieren bis in die Ewigkeit, als hätten wir vergessen, dass unsere Lebensweise als Menschheit ja aus uns heraus entstanden ist. Wir wollen Neues, wollen aber nicht, dass Altes geht. Das ist so, als wolltest du deinen Kot für ewig im After behalten, aber weiter essen. Hm, ja, irgendwann platzt dir dann der Kragen. Fragt mal die Politiker! Sie verhindern ständig Veränderung und versuchen aber, dass es nach einer aussieht. Wenn es da nicht irgendwann zur Revolution kommt, ja, dann muss man halt bingewatchen.

Wir haben zwar an Komplexität im Denken und so auch an materieller Vielfalt und sonstigem gewonnen, aber nicht zwingend an Erlebensqualität. Irgendetwas ist genauso geblieben wie damals, als wir die Steine noch zum Feuer machen benutzten, statt sie uns gegenseitig in den Weg zu legen. Je mehr möglich ist, desto mehr wollen wir möglich machen. Wir müssen nur achtgeben, dass die Hütte nicht bald brennt, denn Neuanfänge haben wenig mit Feuerlöschen zu tun. Wir wären dann zwar beschäftigt, aber haben wir uns dafür nicht bereits durch diverse gesellschaftliche Pflichten zum Sisyphus gemacht?

In diesem ganzen Verlieren muss es doch irgendetwas zu gewinnen geben oder zumindest etwas, was Gewinn bringt? Wenn es nicht die Hoffnung auf mehr ist, dann muss es wohl die Hoffnung auf weniger sein? Die Hoffnung scheint wohl das unersetzliche Element. Es geht ja sowieso immer nur um den Kern.

Was ich eigentlich sagen will: Ich wünsche dir viel Spaß beim Lesen zwischen den Zeilen, denn nur auf das Weiße kann neu geschrieben werden. Danke bereits jetzt für deinen Beitrag an die Menschheit!

You don't
need to be anything
while you are.

Ändern statt gendern

Ich gendere aus praktischen Gründen nicht, sonst stolperst du durch dieses Buch wie die Menschheit durch den Frieden. Wir wollen zwar mit gendern die Welt verändern, doch würden wir die Welt verändern, bräuchten wir nicht zu gendern. Na ja, Henne oder Ei, wer war zuerst da? Es ist wohl Zeit, die Zeitlosigkeit als Wahrheit zu nehmen.

Wer glaubt, dass irgendeine Identität mit irgendwas, mal irgendwem irgendeine Sicherheit gegeben hätte, der sucht Halt. Das Leben hält aber nicht an. Der Tod vielleicht schon. Es lebt sich aber besser lebendig. Sei also sicher, dass sich immer genau dann unbekanntes eröffnen wird (Leben), wenn du denkst: endlich, ich hab das Leben verstanden (Tod)! Man entwickelt sich ja mit sich. Es sei denn, man verschließt sich. Aber warum sollte man? Wer plötzlich grundlos einfach so geboren wurde und plötzlich grundlos einfach so nicht mehr da sein wird, der sollte das dazwischen auch nicht zu gründlich nehmen. Alles, das Leben, und nichts, der Tod, sind ja sowieso das Gleiche, wenn einem klar ist, dass *Existenz* genauso sinnvoll, wie sinnlos ist. Das eine ist ja in dem anderen sowieso immer schon drin. Wir verlassen uns aber heutzutage nicht mehr auf das *Nichts*, das *alles* enthält, sondern auf irgendwelche selbst ausgedachten Theorien, Wissenschaften oder Identifikationen. Wir haben das *ich bin* durch ein *ich Advokat, ich Musiker, ich Hausfrau, ich Mann, ich ...* ersetzt. Da wir aber, sowohl im Kollektiv als auch einzeln, fähig sind uns Dinge auszudenken - und uns dann damit identifizieren - ist das Chaos vorprogrammiert, bzw. der Stärkere (wie auch immer man den heutzutage definiert) gewinnt. Wir erkämpfen dann Respekt für Sexualität, Alter oder Leistung und vergessen, dass wir Menschen ja sowieso schon alle so da sind, wie wir sind. Dieser Fakt eliminiert anschließend jegliche Diskussion darüber, ob das sein darf. Es kann ja nicht *nicht sein*, wenn es schon ist. Und verschwinden kann es sowieso auch wieder. Es ist also nie so dramatisch, wie gefühlt. Die Erde und die Menschheit sind nicht für immer da. Sie vorzeitig kaputtzumachen, sind also ziemlich sinnlos investierte Rückenschmerzen. Es wird einfach immer was geben, nur halt immer was anderes. Der Kern ist immer die Unendlichkeit, d.h. die ständige Veränderung. Wer diese Basis wiedererkennt, der braucht sein Leben nicht durch Meinung oder Definition anzuhalten. Die *Sich*erheit wurde ohnehin aus der Un*sich*erheit geboren. Im

Kern sind die Extreme ja eins. Wenn du jetzt alles loslässt, was nicht dein *jetziges* körperliches und geistiges Sein in diesem Raum ausmacht, dann überkommt dich vielleicht ein Gefühl von: oh, mein Leben ist weg! Das Leben gibt es also nur in *deinen Erinnerungen und Vorausdeutungen*, aber nicht *jetzt*. Wenn du von der Arbeit kommst, ist es egal, ob du auf Papier gekritzelt, an der Kasse gepiept oder mit einem Lappen gewischt hast. Nun sitzt du auf der gleichen Couch wie gestern, mit dem gleichen Arsch wie gestern. Du fühlst dich zwar jeden Moment anders und das heißt auch nicht, dass du jeden Moment deine Sexualität oder politische Meinung ändern musst, es zeigt einfach nur, wie irrelevant diese Fakten während 99 % deines Tages, deines Lebens, deiner Momente, deiner Beziehungen, deiner Gefühle, deiner Wünsche ... sind.

Was ich eigentlich sagen will: Es war wohl trotzdem notwendig.

I'm not stressed
by time,
I'm stressed,
because I planned it.

Hölle oder Höhle

Humor kommt erst dann in unsere Leben, wenn wir die Fähigkeit besitzen zu realisieren, dass wir gefangen sind. Krieg, Schule, Hirn, Körper, Seele, Universum. Irgendwo sind wir dann einfach nie frei oder zumindest können wir es die meiste Zeit nicht wahrnehmen. Da Gott uns dann zusätzlich so erfunden hat, dass wir Rauschmittel nicht besonders gut vertragen, ist die Leichtsinnigkeit, mit der unsere Hand nach dem Smartphone greift, ziemlich schnell erklärt. Doch eines Tages passiert's: Du greifst nach dem Ding und wie ein Déjà-vu kommt dir der Gedanke: muss ich diese Geste nun bis ans Ende meines Lebens tun? Für einen Moment hast du die Sinnlosigkeit deines Seins erfasst und das schon bevor du mit scrollen erst angefangen hast. Das Problem ist jedoch, dass sich diese Sinnlosigkeit durch den Tag zieht. Ich meine nicht nur das Scrollen, sondern auch die Realisierung, dass du dich nie durchgehend sinnvoll spüren wirst, egal wie voller Sinn dein Leben ist. Herzlich willkommen, Mensch! Doch was kann man dagegen tun? Die Sinnlosigkeit auch als Sinn anzunehmen, wäre wohl die eleganteste Möglichkeit ... Viele trösten sich auch mit einer ganz klaren Mission slash Lebensaufgabe davon. Sobald uns dann aber der erste Schnuller ins Gesicht gedrückt wird, merken wir, dass die Gestaltungsfreiheit nicht so ganz viel mit Freiheit zu tun haben wird. Es war natürlich nicht so gedacht. Unsere Systeme und Pflichten wurden ja von uns *für uns* erfunden. Das Problem ist nur, dass wir nicht mehr *damals* sind, d.h. ein anderes *uns* sind. Wir könnten unsere selbsterfundenen Systeme natürlich jederzeit selbst wieder dorthin zurückgeben, wo wir sie selbst hergenommen haben, nämlich: der unsichtbaren Ebene der Ideen. Dafür müssten wir dann aber auch auf Ruhm, Erfolg und Macht verzichten. Es würde ja dann automatisch wieder um das Wohl aller gehen. So wie es einmal war, nach dem Krieg ... *I think you got it*. Wir haben eben eine vergangenheitsbezogene Politik. Sie ist also getrennt vom Volk, das ja im Hier und Jetzt lebt. Es mangelt aber vielleicht auch einfach nur an Freigeist und Fantasie im Politikwesen, da solche Wesen sich selten in der Politik aufhalten.

Es gibt also wirklich keinen Grund, so weiterzumachen. Systeme sind ohne größeren Schaden recycelbar. Da haben wir echt realere Verschmutzungen zu verdauen. Wir könnten jetzt natürlich auch einfach mal ein Selfie machen und zeigen, dass wir schon bei Kapitel 3 sind. Wem das nützen soll, weiß ich zwar nicht, aber so eine kleine Unterbrechung erleichtert dann doch irgendwie das Schwere. Es muss ja einen existenziellen Grund geben, wenn man ein Gerät fünfzigmal am Tag herholt. Zumindest habe ich das mit meinem Staubsauger noch nie gemacht, aber, ob sauber oder schmutzig, es geht ja im Endeffekt ums Saugen.

Was ich eigentlich sagen will: Wir kommen hier nicht raus.

Accepting means
stopping
change for
a moment.

Urgeschöpf oder urerschöpft

Lebewesen können nicht *Ferien machen* und das heißt eigentlich nur, dass sie auch nicht *arbeiten* können. Deine Haut kann nicht einfach so mal zu Hause bleiben und dein Herz kann auch nicht ins Wochenende gehen. Aktivität ist ihr Basiszustand. "Materie in Bewegung" als Definition von Materie. Was ist nun aber der Basiszustand *Mensch*? Wohl alles, was ein Mensch kann. Auf körperlich sichtbarer Ebene sowas wie: sich bewegen, fühlen oder die fünf Sinne benutzen. Auf geistig unsichtbarer Ebene sowas wie: komplexes Denken, Fantasie, Vorstellungskraft, Nachtträumen, Tagträumen, intuitives Agieren, Lieben, Wahrnehmen oder Kommunizieren. Beide Ebenen hängen natürlich direkt zusammen. Ein Gefühl spürst du nicht nur körperlich, sondern es gibt dir gleich *gedankliche Bilder* dazu, und umgekehrt. Irgendwo ist ja alles das Gleiche. Vielleicht *hörst* du auch die Menschen von damals noch reden oder deutest voraus, was als Nächstes kommen könnte. Vergangenheit, Gegenwart und Zukunft sind ja nie wirklich getrennt. Entgegen der gesellschaftlichen Annahme ist dein *körperlich* sichtbarer Anteil also wesentlich *geringer* als deine persönliche, *geistige*, *gedankliche* Welt. Es hat ehrlich gesagt auch noch nie ein Hirnforscher, ein Gedanke oder die Fantasie bei einer OP gefunden. Es ist fast absurd, dass die Gesellschaft sich mehr mit dem Körper als mit den Gedanken befasst, oder die Gedanken halt ausschließlich ums Aussehen kreisen lässt. Sichtbar- und Unsichtbarkeit wiederzuerkennen ist wesentlich, damit man sich sein gesamtheitliches Sein, also alles, was ein Mensch kann, als "Leben" erlaubt, statt das Leben nach irgendeiner beruflichen, gesellschaftlichen, "erwachsenen" Vorstellung schöpfen zu wollen, bzw. erschöpfen zu wollen. Wer zu viel Creme auf die Haut schmiert oder zu viel Zucker durchs Herz pumpt, dessen Organe schuften hart. Bei allem, was wir am Tag so konsumieren, ist der Körper ständig am Arbeiten statt am Sein, auch während wir (egal wer wir jetzt in dem Ganzen sind) Ferien machen. Wenn wir jetzt zusätzlich zu wenig Pausen machen oder jede Pause mit scrollen, Podcast hören, lauter Musik oder auch Sorgen und Wunschgedanken zukleistern, dann belagern wir auch noch unsere *unsichtbaren* Basisfähigkeiten. Probleme wie Schlaflosigkeit, Depression oder Burnout sind dann vorprogrammiert. Der Körper hofft dein stilles Liegen im Bett oder Sitzen auf dem Sofa als *Pause* nutzen zu dürfen. Wenn du jetzt auch noch ein bisschen Wut gegen die Schlaflosigkeit oder den

Burn-out aufbringst, dann entgeht dir zusätzlich noch die Qualität der spontanen Gedanken, der guten Zufälle oder der humorvollen Erkenntnisse, die halt während so Pausen, egal ob gewollte oder ungewollte, immer möglich sind. Unser Herz kann zwar einen Marathon laufen, aber nicht ein Leben lang. Ein, am Bürotisch gefesselter, Körper oder ein, durch computerartige Denkwiederholungen, entführter Geist, werden sich irgendwann selbst in den Basiszustand zurückführen. Sie lassen sich dann Dinge einfallen, wie die Grippe, Panikattacken oder Unkonzentriertheit. So wird vor Kameras getanzt, wenn auch nur für 60 Sekunden, es werden lustige Sprüche gepostet, gerülpst oder schnell ein Gefühl gelipdubbed. Es wird einfach eine Erinnerung an den Basiszustand *angelebt,* mit der Hoffnung ihn so zu erhalten.

Was ich eigentlich sagen will: Wir sind in einer Transitionsphase.

Your truth is
developing
with you.
Their truth,
too.

Ich interpretiere diesen übermäßigen Gebrauch an englischen Wörtern in unseren Sprachen ja als langersehnter Versuch der Vereinigung von Ländern. Du bist, wie du sprichst. Grenzen waren ja sowieso nie *real,* zumindest war die Natur der frühe Vogel; also voll *nice,* dass wir nun alle *friends* sind, egal ob per Klick oder Blick. *Whatever.* Das ist jetzt auch nicht ironisch gemeint! Das menschliche Kollektiv hat versucht, *ohne* Politik und Wirtschaft, einen Schritt Richtung Frieden zu tun! Danke an uns!

Sind alle Trends der Versuch von Vereinigung, zumindest äußerlicher? Oder wollen wir lieber den sein, den wir nachahmen, als uns selbst? Erhoffen wir uns seine *Selbst*bestimmtheit? Suchen wir einfach nur *uns selbst*? Wenn wir jetzt mal kurz unsere Angst vor Überproduktion und Verschmutzung im Griff haben, dann bemerken wir, dass Objekte, Kleidungsstücke, Verpackungen oder Blumen uns tatsächlich helfen uns anders zu fühlen. Ein kuscheliges oder klar geschnittenes Design macht uns ein Stückchen warmherziger oder klardenkender. Zusätzlich dazu ist das Verwandeln einer unsichtbaren Idee in ein sichtbares Produkt - also Kreativität oder Gestaltung

- nicht nur unser Grundrecht, sondern auch eines unserer größten Talente gegenüber dem Tier. Wir haben nur irgendwie vergessen, dass wir zwar alles, was wir wollen, egal ob das Gleichsein oder das Verschieden sein, verwirklichen können, dass wir aber immer nur der Verwirklicher bleiben und nie das Verwirklichte werden können. Theoretisch hilft das pure *Denken* an ein klar geschnittenes Design ja auch schon, um uns klarer zu fühlen. *Alles* kann einen Einfluss auf uns haben. Alles hat eine *Ausstrahlung*. Sowohl die Gedanken als die Vase in der Ecke, können den gesamten Raum verändern. Diese Wahrnehmung wieder zu aktivieren und *alles,* was an „Ausstrahlungen" läuft bewusst *wahrzunehmen,* ist das, was uns wirklich interessiert. Deine eigenen Wahrnehmungen und Beobachtungen sind deine Individualität und das schon bevor du sie dir eintätowierst. Du kannst das natürlich trotzdem tun! Erinnere dich aber, bevor du Dinge verwirklichst (oder kaufst), einfach dran, dass du dich zwar wahnsinnig flowy oder sexy fühlen kannst in deinen neuen Yoga-Pants, dass du aber mit dem gleichen "Body" auch traurig in der Ecke sitzen kannst. *Sein* ist immer *ein*facher als die *viel*fachen Möglichkeiten des "wie" du sein kannst. Du *bist,* bevor du etwas wirst. Unsere

Influencer werden uns sowieso mehr Produkte präsentieren als sie und wir brauchen. Wenn wir aber aufhören das, als logischer Fakt eines solchen Jobs, zu entschuldigen und mal infrage stellen, ob unendliches Wachstum vielleicht sinnlos ist, weil die Erde selbst ja nicht mitwächst, dann beginnen wir wieder die Dinge an das was ist, statt an das, was wir uns vorstellen anzupassen. Wegschmeißen heißt ja nur: *verschieben. V*om Esstisch in den Mülleimer, ins Meer. Wirklich weg ist es ja nie. Beim Verbrennen, wäre es zwar zumindest wieder unsichtbar, also auf den Zustand der Idee zurückgebracht, aber war dieser ganze Prozess des Werdens und des Vergehens dieser zweiwöchigen Plastikwasserpistole wirklich nötig?

Was ich eigentlich sagen will: Es geht immer, auch anders.

Make sure to
be soft,
so that you
can't break.

Diät-sch

Die Schwierigkeit der Disziplin ist nicht, dass man sie nicht einhält, sondern, dass man seine Macht an ein Vorhaben abgibt, das man selbst erfunden hat. Selbsttor, sozusagen. Man ist gleichzeitig *für* sich und *gegen* sich, und das zusätzlich zum gewöhnlichen Zwiespalt. "Du musst nur 21 Tage durchhalten, dann bist du umprogrammiert", so sagt man. Man glaubt es aber nur, wenn man kein Langschläfer ist, denn die wissen, was es heißt für Respekt von der Gesellschaft, in dem Falle von Menschen, die was anderes als die Natur als Wahrheit haben, anzukämpfen. Das, in Theorie funktionierende, scheint heutzutage immer richtiger als das momentan erfühlte Wahre. Du darfst nicht zu Hause bleiben, weil dein Gesamtgemütszustand es verlangt. Nein, du darfst nur zu Hause bleiben, wenn du ihn bereits übergangen hast, also krank bist oder auf einem sonst schnelleren Weg zum Ende hin. Alles, was wir uns ausdenken, scheint wichtiger als wir. Wir haben das "Im-Moment-sein" durch Selbstverwirklichung, also Ziel, weggeschoben. Der Moment wäre ja nicht nur das ruhige Sein in Meditation, sondern generell die Verbundenheit an Spontaneinfälle, an Humor, an plötzliche Fügung oder an Kreativität und Entspannung. Wir kennen alle Momente, in denen wir einfach was geschrieben, gekocht oder online gesucht haben und auf ein viel besseres Ergebnis gekommen sind, als wir es uns je hätten *erzielen* können. Ohne unseren denkenden Einfluss kam das eine aufs andere. Es schien leicht. Leichtigkeit wäre die Normalität, der Moment der *Rahmen*, das Ziel. Es hat ja damals funktioniert und könnte so ein *Leben* lang, also *viele Momente* lang, funktionieren. Sich ablenken vom Moment kann auch sowas Unschuldiges sein, wie: täglich diszipliniert Zeit einplanen fürs Meditieren, also fürs Herunterkommen von der Arbeit. Dein eigentliches Gefühl sagt dir in dem Moment und wahrscheinlich auch schon in manchen Momenten davor: verändere deinen Alltag, er zieht dich runter und halte deine Meditation frei für Spontanes (z.B. das Leben), statt für das *Ausgleichen* unnötiger *Angleichung* an ein System. Du hast also gleich doppelt wertvolle Zeit wegmeditiert. Verzicht, also Ziel, Planung oder Diät, kann für einen Menschen nicht funktionieren. Im Kosmos ist nämlich alles auf Entwicklung, also auf *mehr* ausgelegt. Im Verzicht kannst du nicht laufen lernen, nicht mal geboren werden. Ziele können Hilfsmittel werden, wenn benötigt, können aber kein Gefühl von *jetzt ist alles gut* garantieren. Es ist sowieso immer nur alles gut, wenn es *jetzt* ist. Und wenn nicht, kannst du es im Jetzt wenigstens verändern. Jeglicher Materie (sichtbar) geht ja eine Idee (unsichtbar) voraus. Jemand, der 200 Kilo wiegt, der hat, aus welcher traumatischen Ursache auch immer, einen Geisteszustand, der sagt: Ich fühle mich schwer, heruntergezogen, komme nicht weiter. Anhand von dem, was *ist*, findest du heraus, was du denkst, in welchem Bereich auch immer. Den Weg umzudrehen und zuerst abzunehmen, aus z.B. einem *ästhetischen* (unsichtbaren) Grund, kann zufällig auch zu einem *leichteren* und *flexibleren* Geist führen. Es gibt unendlich viele Anfänge für ein Ende. Pass also auf, dass du dir nicht zu viele Meinungen oder sonstige Einflüsse in deinen Geist stopfst, sonst kommst du auf einmal zu Enden, die du nie selbst angefangen hast.

Was ich eigentlich sagen will: Alles ist flexibel und Bewusstsein kann es formen.

It's just our
habits that
fear the change.
So let's change
our habits.

Real Chance statt reel Dance

Es ist einfach nicht normal, dass ganze Nationen anfangen ungeniert vor Bildschirmen zu tanzen. Habt ihr den Ernst des Lebens nicht verstanden? Es gibt Krieg, Klimawandel und der durchschnittliche IQ soll ja auch gesunken sein ... wir sind wohl endlich so blöd geworden, dass wir uns wieder mehr auf unsere Intuition als auf unser Hirn verlassen müssen. Nicht schlimm, denn die meisten Probleme dieser Welt kamen nicht durch gute Intuition. Was ich nur nicht so ganz verstanden habe, ist, dass es die gleichen, tanzenden Menschen sind, die sich danach die Inszenierungen in leeren, fahnengeschmückten Konferenzsälen – also irgendwas mit Politik – hereinziehen und glauben *das* wäre die Wirklichkeit, die Gesellschaft, das Urteil der Zukunft. Wenn man durch irgendein Social Media Feed scrollt, dann sieht man, dass es keinen Grund gibt anzunehmen, dass dieses *politische Schauspiel* was mit *uns* zu tun hätte. Wir sind lebendig, positiv und verbindend. Wir sind nicht ernst. Alles ist Humor in unserer Welt. Ein Baum wächst auch nicht gerade. Warum? Na, weil er zwischendurch Witze macht. Warum sollten also seriös schreiende Politiker die Welt verändern? Da wollen wir doch lieber albern tanzende Homo-

Sapiens sehen, die meist unbewusst einen *Anfang* von Freude, Hoffnung und Authentizität veranlassen. Anfänge können immer fortgeführt werden. Wenn wir also aufhören *erwachsenes, vernünftiges* Leben zu spielen (und dementsprechende Fortführungen zu veranlassen) und einfach mal blöd, oder nennen wir's "locker", sind, dann *verändert* unser Blödsinn die Welt noch bevor irgendeine Politik den Blick von der Vergangenheit nimmt. Wir fördern dann den *Zusammenhalt*, statt alles krampfhaft zusammenzuhalten. Eine Partei, des *Bestehens* wegen, zu erhalten, wird dann zu einem absurden Gedanken. Unbekümmertheit, echtes Verzeihen und bedingungsloses Abschließen gegenüber der Geschichte ist wahre Veränderung und braucht eigentlich nicht mehr als einen Neuanfang aus der Fantasie, statt der Vergangenheit.

Wie sähe aber eine Welt aus, in der es keine "Anzugträger" mehr gäbe? Wo würden wir den Halt finden, den uns Form, Ziel und Identifikation bieten? Der Trick wäre wohl, den Halt in der Haltlosigkeit, also der Akzeptanz der ständigen Veränderung und des folgenden Nichtwissens zu finden. Es ist einfach wichtig, dass wir den *Blödsinn* als eine Form von *neuer* Zukunfts*energie* (nicht zwingend Inhalt) erkennen, statt ihn als Schuld am Ärztemangel oder als "zu faul" zum Arbeiten einzustufen. Wir wären ja gar nicht so krank, wenn wir zufrieden wären. Das heißt nicht, dass wir jetzt ein Leben lang nur vor Bildschirmchen tanzen sollen, es ist wohl eher ein notwendiger Übergang, damit wir uns erinnern an das, was wir immer waren: Nichts oder halt die komplette Freiheit, d.h. Alles. Wir holen uns unser Grundrecht an Ziellosigkeit und Sinnlosigkeit, d.h. an Lebendigkeit, zurück. Wir müssen nur aufpassen, dass wir die Chance nicht an einen neuen Arbeitgeber namens *Algorithmus* verschwenden. *Wir* sind die Welt, und deswegen müssen *wir* werden, wie wir sind, damit wir, also die Welt, uns auf positive Art und Weise dient. Ihr seht, es ist gar nicht so schwer. Solange wir aber dem *Erhalt* der jetzigen Welt dienen, *erhalten* wir uns, also die jetzige Welt.

Was ich eigentlich sagen will: Wir müssen uns fragen, wer wir wirklich sind.

Procrastination happens
when completion
doesn't guarantee
amelioration of your life.

Gammler und Jägermeister

Die Kommunikation wird von der Artificial Intelligence übernommen, der Lebensinhalt vom scrollenden Daumen und die Lebenslust von der Erfolgssucht. Ein Leben zwischen gammeln und jagen, wie es seit jeher war. Bis der Tod uns scheidet und das tut er meist am lebendigen Leibe, denn wer Templates und ChatGPT über sich stellt, der wurde zum Roboter. Es schwingt ja immer ziemlich viel Todesangst mit, wenn Schnelligkeit und Leistung an erster Stelle stehen. Wir müssen weiter, weil wir uns da, wo wir sind, nicht sicher fühlen. Wir sind also nicht da, wo wir uns sicher fühlen. Wir sind also nicht sicher, da wo wir uns fühlen … das Monster heißt wohl nicht mehr Mammut. Es wäre an der Zeit, das Fühlen wieder in den Mittelpunkt zu stellen, denn auch 1 Million Follower und das perfekte Outfit können den Nadelstich der Wahrheit, der durch die kleinsten Ungelungenheiten des Alltags pikst, nicht erfolgreicher ignorieren als ein Luftballon. Seien wir mal ehrlich: Es ist einfach noch nie jemand am Fühlen gestorben. Die wirklich "schlimmen" Gefühle entstehen sowieso nur durchs Unterdrücken. Das Ursprungsgefühl muss immer ein *normales* Gefühl gewesen sein, denn mehr als deinen Körper kannst du nicht spüren, d.h. mehr als schluchzen oder schreien, geht einfach nicht. Es bringt nichts, zuerst zu jagen, in der Hoffnung, durch die Beute endlich *genug* zu sein (= nichts Negatives mehr zu fühlen), und dann zu gammeln als "Belohnung", weil man ja was nachrennen *musste*. Du kannst unangenehme Gefühle nicht kompensieren. Wer ein Muss, wie Geldverdienen, erfunden hat, um überleben zu dürfen, der kann einfach nicht mehr mit Eleganz den Tag genießen, wie Pharaos Katz. Sind wir nicht aber im Kern alle Tiere? Es scheint auch recht naheliegend, dass wenn die Rücken und Nacken ganzer Bevölkerungen verspannt sind, dass da was durchgehalten werden muss, was im normalen, *gesunden* Zustand, nicht durchzuhalten wäre. Wir leben also ständig zwischen unserm Körper und der Vorstellung, was wir mit ihm anstellen können. Wir sind also gleichzeitig Sternekoch und Kartoffel. Es gibt natürlich auch die Option sein Essen zu fotografieren, aber Cellulitis wird auch nicht schöner, wenn man ständig Fotos von ihr sieht. Wer durchs Genießen seinen Gammelzustand rechtfertigt, der wird durchs Geld seinen Jägerjob rechtfertigen. Es gibt ja immer einen Grund, wenn man das eine über das andere stellt. Es ist also Zeit, die Balance wieder als Wahrheit zu entdecken, d.h. die Mitte wiederzubeleben. Die Balance lässt aber eben alle Möglichkeiten offen, d.h. sie liefert keine Orientierung, im Gegensatz zu den Extremen. Und wenn dann auch noch so ein strahlender Influencer ums Eck kommt ... Ja, hätten wir reale Probleme, würden wir nicht scrollen. Von dem Moment an, wo wir uns aber *vorstellen*, wie wir sein wollen, sind wir nicht mehr, oder halt Vorstellung. Egal, wie perfekt dein Foto ist, du bist trotzdem nur du und nicht die Sekunde des Fotos. Auch die Pfeife ist keine Pfeife und wer sich am Abend einen Film anschaut, der war auch nicht in Hollywood. Mehr Bewegung und aufhören Zielen hinterherzurennen, ein ruhigerer Geist und weniger auf der Couch liegen, wäre angesagt. Wir müssen dem Körper wieder die Seele zurückgeben und umgekehrt.

Was ich eigentlich sagen will: Nur wer anhält, steht.

knowing why
the universe exists,
would be the actual
scary thing.

Sinn-Haft

Als Kind weiß man scheinbar noch nichts, als Jugendlicher glaubt man alles zu wissen und während des Studiums muss man alles wissen. Und dann kommt das Berufsleben. Nun kümmert sich deine Vita um dich. Huch. Die Seele sitzt jetzt also gequetscht im Büroraum zwischen Ziffern, Buchstaben und der Hoffnung auf eine daraus resultierende Sicherheit in Form von Wohnung, Erfolg oder kurzweiliger Freude. Mit Seele meine ich natürlich dich. Es ist nur manchmal schwer zu fassen, wer das ist. Wir stellen ja heutzutage immer *unsere* Leistung, *unseren* Erfolg, *unsere* Verlässlichkeit, vor uns. Und wenn dann mal was nicht gelingt, dann stellen wir uns, also *unser* Sein infrage, statt das *unbedingte Sein* von Leistung, Erfolg oder Verlässlichkeit. Was würde passieren, wenn wir darauf verzichten? Ja, genau: nichts. Wenn du krank wirst und nicht mehr zur Arbeit kannst, passt sich ja auch alles an. Stress ist eine Illusion. Je fehlerhafter du bist, ein desto größeres Geschenk bist du für deine Mitarbeiter. Zumindest definierst du so die unterste Latte neu und wühlst das starre System ein bisschen um. Sozusagen schaffst du ungewollt einen neuen potenziellen Anhaltspunkt oder überhaupt mal einen zweiten Aufmerksamkeitspunkt, neben der *Leistung*. Wo ein Anfang, da vielleicht eine Fortführung. Situationen, die durch Authentizität veranlasst wurde, schaden sowieso meist nicht. Falls du also gefeuert wirst, kündigen vielleicht weitere Mitarbeiter und die Firma muss was ändern. Da siehst du, wie wichtig es auch für die anderen ist, dass du dich selbst bist, bedingungslos. Natürlich heißt das *selbst sein* nicht immer "durch Chaos und Fehler die Welt bewegen". Es kann auch heißen: seine Fingerfertigkeit und kognitive Schnelligkeit sichtbar ausdrücken als Chirurg oder Pianist. Ein anderer wird Pfarrer, um Liebe zu schenken, ein weiterer, bekommt dafür Kinder. Es gibt keine Grenze im Ausdruck vom gleichen Attribut. Wir können uns auch durch mehrere Attribute gleichzeitig ausdrücken oder mehrere Ausdrücke vom gleichen Attribut in uns tragen. Wir haben einfach eine unverkennbare Freude am Verwirklichen von Unsichtbarem. Und wenn es nur heißt: lass uns heute Lachs kochen. Auch das war zuerst eine Idee (unsichtbar) und dann erst Lachs (sichtbar).

Wie erkenne ich aber nun, dass die Idee *mir* gehört und mir nicht nur eingeinfluenced wurde?

Wer *sich* ist, der spürt es. Wer noch sucht, der muss sich trauen, sich an der Leichtigkeit und neutralen Freude zu orientieren, statt am Zwang und der harten Arbeit. Es bringt nichts, ein Ding zu recyceln, das du gar nicht mal gebraucht hättest. Es bringt auch nichts ein Profil zu haben, das anders ist, als du bist. Der Kern ändert sich nie durch die Verpackung. Wer immer nach mehr strebt, der wird immer nach mehr streben. Es ist wohl Zeit nach dem Meer zu streben und sich gemütlich von den Wellen tragen zu lassen, statt eines Horizontes erreichen zu wollen, der immer wieder schwindet, je näher man ihm kommt.

Was ich eigentlich sagen will: Was bleibt dir, wenn alles was *ist* nicht bleibt?

The force of spirituality
is that it's undefined.

Kunst oder Kreativität?

Die Furcht vor dem Onlinetod treibt den Ausdruck an. Und das, obwohl die Wiedergeburt dort weniger umständlich wäre, als wieder den Löffel halten zu lernen. Verlorene Zeit bekommt man einfach nie zurück, auch nicht, wenn unendlich viele Likes an sie erinnern. Wir entladen täglich riesige Quantitäten an Kreativität auf Social Media, ohne uns zu fragen, wo wir sie an anderer Stelle unterdrückt haben. Ist etwa doch jeder Mensch ein Künstler? Oder ist Kunst nur Kunst, wenn sie als Erstausdruck durch den Menschen entsteht und nicht als Zweitausdruck, dem ein Erstausdruck, wie zum Beispiel, den technischen Möglichkeiten einer App, der Idee eines Saisonprogramms oder den Richtlinien einer Kunstförderung, vorangeht?

In dem Falle wäre die meiste Kunst keine Kunst und der Künstlerberuf ein Service, also das Ausfüllen einer Form, sowie Malen nach Zahlen. Wenn nur das Grundlose, d.h. das noch Menschenlose, also der Erstausdruck, *Kunst* wäre, dann *wäre* wohl sehr viel weniger. Denn gäbe es keine Social Media Apps, mit denen man kleine Videoclips schneiden könnte (Erstausdruck), würden die meisten Menschen keine

Videos schneiden (Zweitausdruck). Den Spaß am Kreieren, also Ausdrücken, haben wir aber immer, egal ob Erst- oder Zweitausdruck, also, egal ob Kreativität oder Kunst. Aber ehrlich, statt sich im Undefinierbaren und Bewertenden zu verlieren, wäre wohl die wichtigere Frage: ist es wirklich nötig, dass du deine Pizza heute fotografierst, postest und jetzt 200 Leute dieses Bild anschauen und deren Hirn einen *gedanklichen Film* entwirft, der zeigt „wie du diese Pizza isst, dich freust und nachher durch Rom läufst"? Wir verschwenden wohl nicht nur materielle Ressourcen auf dieser Welt. Wir wollen gar nicht darüber nachdenken, was das ganze Nachrichtengeschaue an *gedanklichen Filmen* produziert. Vergesst nicht, dass alles Unsichtbare sichtbar werden kann, natürlich auch dein gedanklicher Film. Wenn wir jetzt alle Filme, also Gedanken, von allen Nachrichtenschauern zusammenlegen, dann ist einfach erklärt, wo die Energie, also der (unsichtbare) Ursprung von einem Krieg (sichtbar), sein könnte. Wo man in der Steinzeit dem Mammut hinterhergelaufen ist, da läuft man jetzt dem Geld hinterher und wo man an die Höhle gemalt hat, da postet man jetzt. Man drückt ein Bedürfnis je nach Zeit einfach anders aus und andersrum geht es eben auch: Was Ausgedrücktes kann auch zu neuen

Gedanken und anschließend zu wiederum neuen Ausdrücken führen.

Ein Post (sichtbar) ist also Ausdruck einer Idee (unsichtbar). Du (sichtbar) bist Ausdruck deiner Seele (unsichtbar), Social Media (...) ein kollektiver Ausdruck vom Wunsch nach Verbindung (...), die Menschheit Ausdruck einer Form von Sein, die Erde Ausdruck von ... das Universum Ausdruck von ... wir wissen halt nur nicht immer wovon.

Was ich eigentlich sagen will: werde dir deiner Macht der Verwirklichung bewusst.

Dedication means
playing with
the unknown.

Nir-Wahn-Ahhh

Die Vergangenheit war noch nie die Zukunft, es sei denn, man denkt mehr über die Vergangenheit als über die Zukunft nach. Aber wo ist denn dann das *Jetzt*? Im Nachdenken?

Social Media ist wohl gekommen, um uns wieder an diesen Urzustand der *Unfassbarkeit* des Lebens zu erinnern. Die Menschen tanzen, rülpsen, singen und zeigen genau das, was *im Moment* ist, bzw. war. Sie wollen ihn festhalten, um ihn zu fühlen, d.h. *fassbar* zu machen. Man kann Unfassbarkeit, aber irgendwie nicht fassen. Jegliches Tun ist ja *zeitlich* und jegliches Sein *zeitlos*. Unser System ist also zeitlich und unser Sein zeitlos. Wir sind also systemirrelevant. Ihr seht, wir haben ernsthafte Probleme.

Social Media versucht nun das *Sein* wieder ins System zu pressen. Es war ja klar, dass so eine große Bewegung nicht *zufällig* oder *systemirrelevant* sein kann, d.h. nicht ausschließlich der Bespaßung des Volkes dienen kann. Genauso wie man Wirtschaftsplanung (Zukunft) oder den Erhalt von staatlichen Systemen (Vergangenheit) auch nicht als *fällig* oder *relevant* (Gegenwart) einschätzen kann.

Das *Jetzt* ist einfach immer schon vorbei oder kommt erst, es ist deswegen ja nichts und alles gleichzeitig. Wenn wir diesen Nullpunkt wieder als Identität nehmen, dann hört der ganze Wahnsinn auf. Es interessiert dann niemanden mehr, ob du das Rad erfunden, neu erfunden oder kopiert hast. Alles was war, ist auch und wird wieder sein können. Es gibt keinen Ruhm, keine Nationalität und keinen Patentanspruch mehr. Wie auch? Ich patentiere, dass ich *zufällig* als erster zu dieser Idee gekommen bin, die feinstofflich eigentlich schon *vor* mir da war und auf unendliche Weisen von *jedem* ausgedrückt werden könnte und zusätzlich auch nach mir noch da sein wird und ja offensichtlich nicht *ich*, sondern *sich* ist? Es gibt also Probleme mit dem Besitz. Wenn wir allen Dingen dieser Welt ihren *eigenen* Ursprung wieder anerkennen würden, wären wir wieder frei, um *uns* zu sein. Der Social Media Star ist dann genauso Schauspieler oder Unternehmer, wie der gestandene Theaterschauspieler oder Firmenchef. Beide sind einfach *sich* und tun als sich was. Der eventuelle Niveauunterschied bekommt gar keine Begutachtung mehr. Es geht nicht mehr um das Zweitrangige (dem *wie*), sondern nur noch um das Erstrangige (dem *Dass*). Ausdruck vor Qualität. Du bist ja auch schon, bevor du denkst - hallo Descartes.

Wenn das Unsichtbare wieder Ursprung ist, dann sind unsere Systeme wieder frei von zweitrangigen Anbindungen und können sich unseren jetzigen Bedürfnissen anpassen, statt weiter nach den damaligen Bedürfnissen zu handeln. Du brauchst dann keine lange Liste an Diplomen mehr. Du lernst einfach nur noch das, was du brauchst, um dich *vollständig* ausdrücken zu können in deinem *Sein*. Das Desinteresse der jungen Menschen an der Schule und die dagegen erfolgreichen Do-it-yourself-Videos machen wohl den Anfang oder beweisen einfach nur, dass wir bereits im Wandel sind.

Was ich eigentlich sagen will: Es geht nie um etwas, wenn alles auf dem Spiel steht.

You can't fight for
love, 'cause love
also includes the ones
fighting for it.

Die heilige Dreifaltigkeit

Stirnfalte, Halsfalte, Augenfalte. Es gibt ja sowieso immer was zu vertuschen. Anfangs waren's die Pickel, dann das Alter und zu guter Letzt die Unzufriedenheit. Unser körperliches Sein scheint wohl unser seelisches Sein zu beeinflussen oder zumindest glauben wir, dass unser Aussehen diese Macht besäße. Wir versuchen nun aber unsere Oberflächlichkeiten einfach rückgängig zu machen und stellen bewusst das Vertuschte in den Mittelpunkt. Das Problem war aber wohl eher das *in den Mittelpunkt stellen* ... Hässlichkeit wäre ja kein Problem, wenn niemand sie hässlich fände ... Warum tanzen wir um diese gemeinsamen, zu niemand wirklich passenden, Messlatten? Brauchen wir Unzufriedenheit, um uns gegenseitig zufrieden machen zu können? Wollen wir Verbindung unter jeglicher Bedingung? Wer zufrieden ist, also selbst in seinem Mittelpunkt steht und von da aus auf andere Menschen, die ja dann in ihren jeweiligen Mittelpunkten stehen, schaut, der baut Kontakt auf unter *Gleichgesinnten*. Es kann sozusagen dann jeder jeden betrachten und sich von jedem inspirieren lassen. Mal wird um den einen getanzt, mal um den anderen - Hauptsache, man tanzt. Das nennt man wohl Austausch. Zu oft haben wir aber Angst, dass niemand um uns tanzen wird, wenn wir in uns stehen bleiben. Wir merken dann nicht, dass allein sein *all-ein* sein bedeutet. Wenn wir alle allein in unseren Mittelpunkten stehen, sind wir alle in der gleichen Situation, also *all-ein*. Wir müssen dann nicht bewusst in Gruppen um erfundene Mittelpunkte tanzen, um ein Gefühl des Miteinanders zu erleben. Wir sind so *mit-eins-anders*. Wie die Nase deines Nachbars dir passt, ist dann egal, denn in Wahrheit bleibst du sowieso mit deinem stärksten Gegner verbunden, auch wenn du ihn auslöschst. Der Fakt, dass es ihn gab, kannst du nicht löschen. Genauso ist es mit der Verbindung, also dem Tanz, zwischen euch. Das was war, ist, und kann wieder sein. Du kommst nicht gegen den Kosmos an. Du bist also nie allein.

Ja, manchmal bleibt uns nur das Lamentieren. Daraus resultiert dann eine Gesellschaft, die für die Schwächeren kämpft, aber die Stärkeren bewundert. Das ist so als würdest du dich selbst belügen. Das geht einfach nicht. Solange wir nicht sehen, dass der Leader nicht folgen kann und das Rudeltier nicht leiten kann, solange sehen wir nicht, dass die Stärke auch die Schwäche ist und umgekehrt. Die Welt wäre leicht erklärt, wenn wir die Polarität als Eines wahrnehmen würden oder eben jeden in seinem Mittelpunkt stehen lassen würden. Es mag ja sein, dass in der Natur nur der Stärkere überlebt, aber seit es Waffen gibt, ist sowieso nicht mehr klar, wer das ist. Wir bleiben auf jeden Fall schwächer als ein Löwe. Ist aber nicht unser Hirn die Waffe schlechthin? Warum arbeitet es dann gegen uns (z.B., wenn wir Waffen bauen)? Wir sind wohl unser eigener Gegner, d.h. wir kämpfen gegen uns, ... weil wir für uns sind? Oder gibt es vielleicht eine dritte Instanz, die gewinnen will? Oder sind wir einfach nicht wir? Wer kämpft, will die Polaritäten als Gegensätze sehen, statt als Einheit. Der Kosmos wird aber nicht zerfallen, nur, weil du es willst. Der Kämpfende kann also nie gewinnen.

Was ist eigentlich sagen will: Es geht nie um das, worum es geht.

You are
your apology.

Grund ein(mal zu ent)kommen

Der Blick über ein Feed reicht, um zu bemerken, dass ein neues Zeitalter eingeleitet wurde. Unser *Geist* will wieder gesund werden. Wir sind lebendiger, humorvoller, kreativer, authentischer, ehrlicher, mutiger und gefühlvoller als je zuvor. Die Vernunft hat sich vom Hauptglaube zum nützlichen Werkzeug transformiert und die *Leistung* ist dabei ihr zu folgen. Unser Stolz wird nicht mehr das sein, *was* wir erschafft haben oder der Fakt, dass *wir* es erschafft haben, sondern das, *warum* wir es erschafft haben oder halt irgendeine Artificial Intelligence veranlasst haben, dies zu tun. Es wird alles für jeden möglich. Weniger Exklusivität, mehr Einheit. Es scheint, als versuchten wir uns durch Onlineeinkommensmöglichkeiten selbst zu versorgen, um das *wir*, also den Stolz und das *was*, also die Leistung für ein *warum*, also den Lebenssinn einzutauschen. Haben wir unser eigenes Grundeinkommensmodell erschafft, schon bevor die Politik zum Zuge kommt?

Wer gegen das Grundeinkommen ist, der muss wohl keinen Körper haben. Denn, wer einen Körper hat, der weiß, dass der Fakt nach diesem Fakt ist, dass dieser Körper eine gewisse Strecke leben soll. Wer nun aber glaubt: bei uns stirbt doch niemand an Hunger, es geht uns doch allen gut! Der Körper (sichtbar) ist ja nur eine Verdichtung deines Geistes (unsichtbar) und deswegen das Gleiche. Ohne gesunden Geist, keinen gesunden Körper. Unsere Krankenkassen können ein Liedchen davon singen und die Antidepressiva pfeifen klingelnd dazu. Aber ja, die Einen glauben was zu verlieren, wenn den anderen *grundlos* was zur Verfügung gestellt wird. Es ist aber einfach niemand zu faul, zu dumm oder sonst was, um geboren worden zu sein. Das Weiterleben ist auch nichts anderes, als ein ständiges neu geboren werden. Es gibt ehrlich gesagt *nie* einen Grund nichts zu geben. Wer spürt, was Dank auslöst, spart nicht daran. Auch den Reichen darf man danken, dass sie mit ihrem Talent für Vermehrung und Weiterführung ein verlässliches Standbein für die Gesellschaft sind. Wir sind einfach verschieden, wenn auch Leistungstier und Faultier, Tiere bleiben. Man kann jetzt natürlich sagen, dass die Armut (sichtbar) nur ein Ausdruck geistiger Not (unsichtbarer Ursprung) ist. Die Frage wäre aber, wer diese *kollektive* geistige Not verursacht, also *ausgedrückt*, hat. Das Kollektiv sind ja wir alle und du als einzelner kannst nicht die Armut einer ganzen Schicht verursacht haben. Armut (sichtbar) kommt also vom Gefühl (unsichtbar) des Mangels. Da das Leistungstier meist sein bedingungsloses Sein ignoriert, stellt es ja Leistung vor sein Sein und ist also im *Mangel*, d.h. in der *Sehnsucht nach Sein*, auch wenn es dies nicht bemerkt. Dieser *Mangel* wird dann ans *Kollektiv* gesendet und kann sich wieder als *Armut* für andere manifestieren, also sichtbar machen. Es ist also nie so ganz klar, wer hier was verursacht hat. Wir hängen einfach alle zusammen und brauchen deswegen keinen *Grund* für Einkommen. Du darfst immer leben, auch ohne Leistung, Schuld, Armut oder Reichtum.

Was ich eigentlich sagen will: Wir sollten mehr auf die anderen achten.

To be unconditional
in a world full of conditions,
you need to be different
than the world.

Die Wahl der Qual

Ohne mit der Wimper zu zucken, wurde deine runde Kinderseele durch quadratische Schulen gequetscht. Daraufhin wurde dein quadratisches Hirn als Rundumpaket verkauft und dir blieb nichts anderes übrig, als zuzulassen, dass ein Kollege namens „Diplom", dir auch noch nach 40 Jahren ein Lächeln über die Lippen ziehen wird. Plötzlich dann: Uni vorbei, Schule vorbei, Quetschen vorbei. Du sollst nun schlank gepresst sein; also, du sollst in die Löcher der Arbeitswelt passen. Wenn du dich aber mit angehaltenem Atem durch die Schule gemogelt hast, dann bist du jetzt selbst schuld, dass du nicht hineinpasst. Wer nicht spürt, dass er *ungepresst* ist, der lässt sich pressen. Hackfleisch ist ja auch immer noch Fleisch. So fühlen wahrscheinlich die meisten Studenten, also wenn sie sich dann überhaupt noch fühlen und nicht bereits vegan unterwegs sind. Heute will die Jugend sich halt nicht mehr pressen lassen. Zumindest nicht mehr als Fleisch. Sie sind jetzt praktischerweise aufs Feinstoffliche übergesprungen. So eine coole *Story*, die fördert auch echt das Belohnungszentrum und man kann Tofu auch grillen, braten oder kochen. Erleichterung! Es gibt endlich eine Alternative zum Fleisch. Man hat nur vergessen, dass der Tofu auch gepresst ist. Aber Gedanken zu pressen, schien einfach weniger weh zu tun. Überhaupt scheint auf feinstofflicher Ebene alles weniger wehzutun. Wir scrollen, bewundern, lassen uns inspirieren. Wir sind in Sekundenschnelle in Santorini, im Bikini oder vor dem Teller Tortellini. Man fragt sich, warum man überhaupt noch einen Körper hat. Aber den bemerkt man dann ja wieder, wenn der Yogakurs einem den Hexenschuss verpasst. Die Frage wäre, was unsere Alltage so von uns wollen. Wer jagt uns da durch die Stadt und bindet uns anschließend mit einem Bier oder einer Tafel Schokolade an die Couch? Wo kommt diese Kraft her, diese Überzeugung, dass *dem eben so ist*? Es mag uns zwar gemütlich erscheinen, hat aber mehr mit Schein als mit Mut zu tun. Wir können einfach nicht kategorisieren, standardisieren, ohne zu verlieren. Die Lebendigkeit ist einfach *im Leben* zu Hause und nicht im *Ableben* und das *Aufleben* hat einfach wenig mit 27 Urlaubstagen zu tun. Wir nehmen die Dinge hin, ohne zu bemerken, dass wir sie hinnehmen. Wir finden das Berichten davon "dass Bomben gefallen sind" notwendig und stempeln es als *esoterisch* oder *illusorisch* ab, zu bitten, den Krieg ohne Grund zu stoppen. Wer eine Begründung braucht, um was "Schlechtes" zu stoppen, der ist schon am Ende oder zumindest nicht bei einem Anfang. Wir glauben Fakten, die, mit einer kleinen Portion Logik, sofort keine mehr sind. Es werden Themen diskutiert, die nur von der Diskussion leben. Wer einmal tief durchatmet und seinen Körper fühlt, der weiß, dass jeder Moment komplett frei ist von allem. Aber zu groß ist die Angst, man müsse diese stressigen Alltage bedingungslos hinnehmen, wenn es einem gut ginge. Wir wollen also Veränderung? Gibt es nicht andere Weisen, die zu veranlassen als durch Waffen? Ach ja, wir brauchen das Geld durch die Waffen. Aber haben wir das Geld nicht selbst gedruckt? Ihr seht, wir wissen gar nicht mehr, wo Anfang und Ende sind und vielleicht ist der Krieg auch der Friede. Also zumindest denkt der Verursacher von Krieg sicher nicht, dass *er selbst* durch den Krieg unglücklicher, also unzu*friede*ner, wird.

Was ich eigentlich sagen will: so kann es nicht weitergehen.

You can't
reach aims,
'cause fantasy
is endless.

Der unendliche Scroll

Es ist bissl so, als würdest du Akzeptanz suchen, um akzeptiert zu werden. Das Gleiche ist ja oft ähnlich, wenn es dann nicht sowieso immer die Kopie von was anderem ist. Klassischer Fall von Unendlichkeit, also von Sehnsucht nach Vielfalt. Der Kosmos hat ja keine Endlichkeit. Unsere Fantasie kann einfach immer was hinzu fantasieren. Unsere Fantasie ist also Kosmos. Mehr *Wahrheit* als deine Fantasie kannst du nicht begreifen. Vielleicht ist es an der Zeit, uns mit der Unendlichkeit abzufinden, statt bis in die Ewigkeit zu scrollen. Du kannst einfach nicht mehr als 24 Stunden am Tag scrollen, egal, wie viel Spaß du an der Vielfalt hast. Du kannst auch nicht wegen ihrer Unendlichkeit dein Leben nicht leben, d.h. in der Fantasie, der Vorstellung, dem Unsichtbaren wohnen, statt in deinem Körper. Du musst *stoppen* und das Ding runter auf Erden holen, also die gewünschte Situation verkörpern. Hier unten ist eben alles limitiert, also endlich. Wenn wir aufhören, die Ebenen zu vermischen, dann können wir wieder die Katzen streicheln, statt uns Tiervideos anzuschauen. Wir könnten dann auch auf die komische Zwischenebene namens *Virtualität* verzichten. Einhörner können sowieso fliegen und

Nashörner können auch ein Horn haben. Ein Foto machen wovon, was es sowieso gibt, scheint nicht sehr sinnvoll verbrachte Zeit und es sich dann auch noch anzuschauen, fügt noch etwas Sinnlosigkeit hinzu. Wir wollen jetzt gar nicht so weit gehen und erwähnen, wie viele Leute geschmolzenes Eis oder Pizza mit Hartkäse gegessen haben für ein Foto, das dann ja sowieso nicht riecht und schmeckt. Ach ja, da war doch was! Vielleicht suchen wir Menschen dann doch das körperliche, also sinnliche Erlebnis! Ha! Erwischt! Daran vorbei, kommt niemand. Und an Social Media somit jeder. Wir werden irgendwann statt eines Pflichtjahres, ein Detox-Jahr machen müssen, von den Krankenkassen bezahlt. Die verhindern so, dass wir uns in den Fantasien von perfekten Selfies auflösen und keine Pillen mehr schlucken.

Ihr seht, wie viel Spaß man haben kann, wenn man wieder wahrnimmt, was man alles für wahr nimmt. Es kann zugegebenermaßen etwas anstrengend sein. Das sollte aber für Menschen die 200 kg im Fitness heben, kein Problem sein. Aber kurze Frage zwischendurch: Wer glaubt, dass es nicht albern ist, mit Muskeln, die nie ein Mammut gesehen haben, durch eine Fußgängerzone zu stolzieren? Also ich bin ja der Meinung, Muskeln zählen nur in Kombination mit einem Wildlife-Überlebens-Zertifikat, am besten eintätowiert, oder so. Da würden alle aussteigen, bis auf ein paar Stars. Um es für Social-Media-Brains auszudrücken: Wir sind uns doch alle einig, dass es albern ist, ein Mammut erschlagen zu können, das nie durch eine Fußgängerzone gelaufen ist? Wir würden ja toten Wildtieren das Herumlaufen dort erlauben, nachdem Menschen mit Fettpolstern aus Kentucky, roten Bulls und Mac-Donald-nicht-Trump, sogar schon staatlich gefördert werden, oder zumindest nicht verhindert werden. Nur, weil wir uns dran gewöhnt haben, ist es nicht zwingend wahr und Dinge, die von einer Masse getan werden, oder in Massen verfügbar sind, fühlen sich immer richtig an. Das liegt aber nicht an der Richtigkeit, sondern daran, dass der Mensch ein Rudeltier ist und die Gruppe braucht zum Überleben. Klassischer Trugschluss.

Was ich eigentlich sagen will: nachdenken hilft.

Enlightenment happens
"between", because it
needs relief,
not action.

Narziss-Muss

Du brauchst zuerst ein Gesicht, dann ein Passfoto und dann ein Profilbild. Die Welt wiederholt sich ja immer. Nur an Gott glauben wir ohne einen Beweis, also Ausweis, also ohne Wiederholung. Logisch. Und ein Profil ist ja auch bei authentischster Darstellung keine Wirklichkeit, sondern ein Profil. Es muss also einen Mehrwert geben, sich in einem Bild von sich selbst zu verlieren. Da wir es dann auch noch selbst gestalten können, machen wir die Angelegenheit auch gleich noch zum Teufelskreis - unsere Fantasie ist ja endlos. Die Frage wäre: für wen waren wir nicht genug, ohne Bild? Wer kann uns nicht sehen? Da wir die Gesellschaft sind, können wir da nur genug sein, bzw. wenn wir da zu wenig wären, wäre die gesamte Gesellschaft einfach nur weniger. Zumindest ist das so, wenn man spürt, dass wir alle eins sind. Wir landen also schnell bei der Tatsache, dass es um was *außerhalb* von uns gehen muss. Irgendwer scheint uns zu beobachten. Wir stehen also unter der Obhut von was Höherem. Wir dienen. Gibt es Gott also doch? Hm. Das Problem ist wohl eher, dass wir uns höhere Kräfte immer automatisch als was *Menschliches*, d.h. etwas, das uns beobachtet, kontrolliert, bestraft, oder eben lobt, zujubelt und belohnt, ansehen. Wir fühlen uns abhängig von jemandem, der so ist, wie wir. Wir fühlen uns also abhängig von uns. Wir sind also Gott. Hm. Unsere Fantasie war ja aber endlos. Können wir uns also unendlich viele Götter vorstellen? Stehen wir also über Gott, weil wir ihn uns vorstellen können? Ist unsere Fantasie, also Vorstellungskraft, Gott? Oder Gott nur eine Fantasie, also Vorstellung?

Ihr merkt, wir sind leicht vom Thema abgerutscht. Es scheint auch recht unwichtig über Narzissmus zu reden, wenn die Gottesfrage offensteht.

Trotzdem kann man nur narzisstisch sein, d.h. glauben, dass man durch *irgendwas* großartig und bewundernswert sein muss, anstatt unauffällig *sich selbst* zu sein, wenn ein Gegenüber da ist, das dieses *Selbst* von einem ignoriert und dieses Muss, also dieses *wie*, fordert. Wer ist aber dieses mysteriöse Gegenüber? Da das Ganze mit Gott nicht so klar ist, müssen wir uns wohl doch vor einem Menschen fürchten? Das geht ja aber nicht, weil der im Prinzip genau die gleichen Schwächen hat, wie wir. Es muss also jemand sein, der Mensch ist, aber *perfekter* als wir. Ein perfekter Mensch. Also doch ein Gott? Hm. Es gibt wohl niemanden, der *perfekter* ist, als unsere eigene Vorstellung von einem *perfekten* Menschen oder unsere Vorstellung, dass dieser Mensch vor uns zumindest *perfekter* ist als wir selbst. Beweise kriegt man hier ja sowieso nie für seine Wahrnehmung, die auch noch, je nach Gemütszustand, variiert. Unsere Vorstellungskraft kann also unser eigener Beobachter, unser Peiniger, unser *Muss*, unser Gott sein. Gott kann je nach Glauben also gut oder schlecht zu dir stehen. Die gute Nachricht ist: wenn du mal keinen Bock auf ihn hast, dann gibt es ihn auch nicht.

Oder ist der Herr was ganz anderes? Und nicht durch unser menschliches Bewusstsein greifbar? Ist er unbewusst?

Was ich eigentlich sagen will: Lasset uns chillen.

"How" is future,
"Why" is past,
"Wow" is now.

Happy, and…

Es geht ja manchmal um nichts. Das heißt, es geht ja immer um alles. Wir können einfach nichts vermeiden, wenn es alles ist. Kurz: die Macht liegt auf unserer Seite. Ist doch eine gute Nachricht, oder?

Egal wie holprig die Menschheit sich bis jetzt angestellt hat, es ist schön, dass die Dinge wieder in Fluss kommen, egal ob durch Social Media oder durch 2,5 L Wasser trinken am Tag. Wir Menschen haben es verdient wieder *uns* zu sein, d.h. ein Leben in Freude und Mündigkeit zu leben. Es ist Zeit, die Steine fallen zu lassen und sie dann als Wegweiser für andere hinzulegen, statt sie herumzuschleppen und mit der Schleppkraft zu prahlen. Es braucht wahrscheinlich noch ein paar Schönheit-OPs, verlorene Stunden vorm Spiegel und eine Menge überflüssige Diplome, bevor wir's checken, aber wenn wir's dann gecheckt haben, dann können wir auch aussehen und diplomiert sein wie Roboter, es geht ja dann sowieso um was anderes. Unser Geist glaubt sowieso immer alles besser zu wissen, als die Natur, sonst würden wir ja auch das krumme Gemüse im Supermarkt verkaufen. Wir Menschen sind aber Natur … oder zumindest, scheint uns der Kontakt mit ihr auszugleichen, was zeigt, dass wir ihr ja irgendwie gleich sein müssen. *Wir* können also genau wie sie, *mit* unseren *Imperfektionen* blühen. Wir hätten sogar unendlich viel Zeit dafür. Wir fühlen uns nur immer dem Tode zu nah. Und dafür ist nicht mal ein Krieg notwendig. Also, zumindest kein äußerer. Eigentlich reicht es, mit dem falschen Fuß aufgestanden zu sein und den Tag nicht so nutzen zu können, wie *vorgestellt* - ein verlorener Tag also ... Wir sind einfach zu sensible Wesen und sehr schnell aus dem Konzept, der Vorstellung, zu bringen. Die einzige Lösung wäre wohl, gar nicht in die Vorstellung zu gehen und sich dem "Herausbringen" *hinzugeben*. Deine Augen tun, dass du siehst, deine Haut, dass du fühlst, dein Herz, dass du begeistert sein kannst. All das kannst du mit *jedem* Körper, *jedem* Lebensweg und auch während *jedem* Scheitern. Wir müssen dies wieder als Wahrheit annehmen, statt die "Strecke unseres ganzen Lebens" als *uns*, also als unseren Wert zu definieren. Das ruhmreichste Diplom und der fetteste Auftrag sind ohne Freude kein Leben wert. Für die meisten ist sowieso *Karriere* gar nicht das Feld, wo sie am meisten Freude haben, d.h. sich am meisten entwickeln, sich also am besten *selbst erkennen* können. Viele werden sich mehr durch menschliche *Beziehungen* erleben wollen und fühlen sich dann z.B. berufen ein Profil auf Social Media zu pflegen, das das Leben zeigt, also Kindererziehung, Styling, Haushalt oder Hausbau. Es ist schön, dass das Leben endlich wieder einen Platz in der Öffentlichkeit, beziehungsweise, auf dem Markt, besitzt. Manche verdienen ja mit *Leben* Geld, statt das Geld zu *beleben*. Es gab auch einfach nie einen Grund, das Geld, die Politik, die Wissenschaft, das Können, die Perfektion, ... vor das Leben zu stellen. Es gibt überhaupt nie einen Grund irgendetwas vor irgendetwas anderes zu stellen und schon gar nicht vor das Leben. Wenn wir wieder anfangen Antworten zu suchen, dann passen auch die Fragen bald wieder.

Was ich eigentlich sagen will: Alles wird gut, wenn wir's wollen.

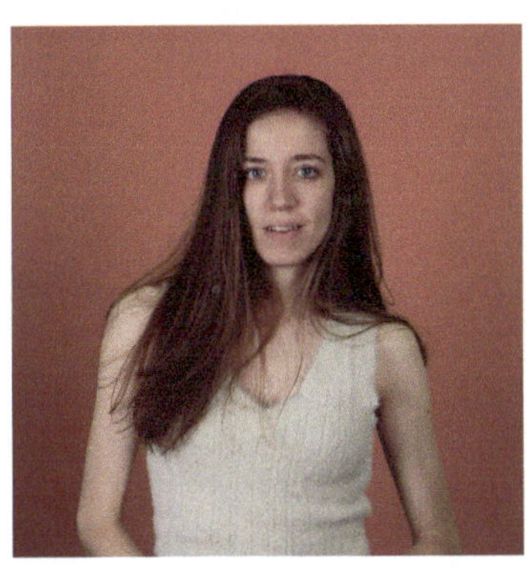

Caroline Mirkes (*1992) ist eine luxemburgische Komponistin, Cellistin, Pianistin, Schauspielerin, Filmemacherin, Designerin und Autorin. Sie schreibt von Kindesbeinen an, anfangs lustig-abstrakte Reime, dann philosophische Texte und nun einen Mix aus beiden. Studiert hat Caroline Cello Performance an der New York University, wo sie 2018, unterstützt vom Fulbright Scholarship, ihren Master absolvierte. Sie ist auch diplomiert mit einem Diplôme Supérieur für Klavier vom Conservatoire de Musique de la Ville de Luxembourg und besuchte das Lee Strasberg Theatre and Film Institute in 2017, sowie die Schauspielschule Wien von 2018 bis 2020. Hinzu kommen 14 Jahre Ballet, ein Abi in plastischer Kunst und sehr viel Leichtigkeit.

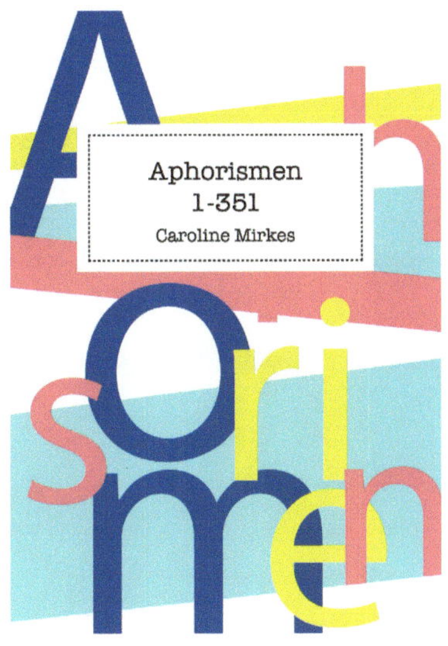
Aphorismen
1-351
Caroline Mirkes